Jens Küsters

Grenzen und Hindernisse beim Einsatz von Scrum

GRIN - Verlag für akademische Texte

Der GRIN Verlag mit Sitz in München hat sich seit der Gründung im Jahr 1998 auf die Veröffentlichung akademischer Texte spezialisiert.

Die Verlagswebseite www.grin.com ist für Studenten, Hochschullehrer und andere Akademiker die ideale Plattform, ihre Fachtexte, Studienarbeiten, Abschlussarbeiten oder Dissertationen einem breiten Publikum zu präsentieren.

Dokument Nr. V176191 aus dem GRIN Verlagsprogramm

Jens Küsters

Grenzen und Hindernisse beim Einsatz von Scrum

GRIN Verlag

Bibliografische Information der Deutschen Nationalbibliothek: Die Deutsche Bibliothek verzeichnet diese Publikation in der Deutschen Nationalbibliografie; detaillierte bibliografische Daten sind im Internet über http://dnb.d-nb.de/ abrufbar.

1. Auflage 2011
Copyright © 2011 GRIN Verlag GmbH
http://www.grin.com
Druck und Bindung: Books on Demand GmbH, Norderstedt Germany
ISBN 978-3-640-97336-1

FOM – Hochschule für Oekonomie & Management Neuss

Berufsbegleitender Studiengang Wirtschaftsinformatik
3. Semester

Hausarbeit im Fach
„Grundlagen des Projektmanagements"

Grenzen und Hindernisse beim Einsatz von Scrum

Autor: Jens Küsters

           3. Fachsemester

Neuss, den 15.01.2011

Inhaltsverzeichnis

Abkürzungsverzeichnis

PO   Product Owner

SM   Scrum Master

Abbildungsverzeichnis

1. Einleitung

Agile Methoden haben im Projektmanagement in den vergangenen Jahren deutlich an Bedeutung gewonnen. Frameworks wie Scrum oder Kanban finden insbesondere in Softwareentwicklungsprojekten immer häufiger Verwendung. Die enge Zusammenarbeit mit dem Kunden, das eigenverantwortliche Arbeiten des Entwicklungsteams und die schnelle Fertigstellung von Teilprodukten sind dabei gute Argumente für den Einsatz agiler Methoden.[1] Doch die Anwendung dieser Methoden garantiert nicht den Erfolg eines Projekts. Im Rahmen dieser Arbeit soll beispielhaft das Scrum-Framework dargestellt werden. Dabei werden zunächst die Grundzüge, Rollen und Artefakte vorgestellt. Nachfolgend sollen mögliche Hindernisse und Grenzen aufgezeigt werden. Welche Projekte eignen sich möglicherweise nicht für Scrum und welche Voraussetzungen müssen die einzelnen Stakeholder mitbringen? Welche Probleme können bei der Einführung der Scrum-Methoden in die vorhandene Organisation auftreten und wie können diese möglicherweise angepasst werden? Motivation für diese Arbeit sind praktische Erfahrungen des Autors in der Projektarbeit mit Scrum. Für häufig auftretende Probleme bietet die aktuelle Fachliteratur bislang nur wenige Lösungsansätze. Hier sollen Möglichkeiten vorgestellt werden, die zur Überwindung der dargestellten Hindernisse führen können.

2. Grundlagen

2.1 Definition von Scrum

Scrum ist ein agiles Vorgehensmodell und Framework[2], das vor allem in komplexen Softwareentwicklungsprojekten zum Einsatz kommt. Es basiert auf den Annahmen zur empirischen Prozesssteuerung mit den drei Handlungsfeldern Sichtbarkeit, Inspektion und Anpassung[3]. Entwickelt und etabliert wurde Scrum seit Anfang der 90er-Jahre vor allem durch Ken Schwaber und Jeff Sutherland.

Grundlage für Scrum sind die im „Manifesto for Agile Software Development" beschriebenen Grundsätze:

---

[1] Laut einer aktuellen Projektmanagement-Studie werden agile Projekte (67%) deutlich häufiger erfolgreich abgeschlossen als klassische (40%), vgl. Vigenschow, Toth, Wittwer (2009), S. 13
[2] vgl. Wirdemann (2009), S. 27
[3] vgl. Schwaber (2007), S. 2 ff.

„Individuals and interactions over processes and tools

Working software over comprehensive documentation

Customer collaboration over contract negotiation

Responding to change over following a plan."[4]

Zu den Unterzeichnern gehören auch Schwaber und Sutherland.

Scrum ist ein iterativer und inkrementeller Prozess mit festen Timeboxen. Diese Timeboxen werden Sprints genannt und sollten höchstens vier Wochen dauern. Ziel jedes Sprints ist ein Inkrement, welches als potenziell auslieferbar („potentially shippable") gelten kann.[5] Das bedeutet, dass nach jedem Sprint ein bereits lauf- und testfähiges Teilprodukt entstanden sein soll. Gleichzeitig sollen so zeitnahe Anpassungen am Projekt möglich sein und das Entwicklungsteam „gemäß dem Auftreten neuer Komplexitäten, Schwierigkeiten und Überraschungen"[6] seinen Lösungsansatz modifizieren können. Da zu Projektbeginn keine vollständige Detailplanung erfolgt und im weiteren Verlauf Anforderungen verändert werden können, sind jedoch auch alle Planungen in einem agilen Projekt zunächst ungenau und beruhen unter Umständen auf Spekulationen.[7]

Unter den agilen Projektmanagement-Methoden gilt Scrum als die am weitesten verbreitete und wird auch von großen Unternehmen wie Google, Nokia oder Siemens eingesetzt.[8]

Zum Regelwerk von Scrum gehören wenige fest definierte Rollen, Artefakte und Meetings, die in den folgenden Abschnitten erläutert werden.

2.2 Rollen

Scrum kennt lediglich drei Rollen, unter denen alle Verantwortlichkeiten innerhalb des Projekts eindeutig aufgeteilt werden[9]: Den Product Owner (PO), das Team und den Scrum Master (SM).

---

[4] Schwaber et. al (2001)
[5] vgl. Schwaber, Sutherland (2010), S. 10
[6] Schwaber (2007), S. 6
[7] vgl. Nerur, Mahapatra, Mangalaraj (2005), S. 77
[8] vgl. Hammerstein (2009), S. 29

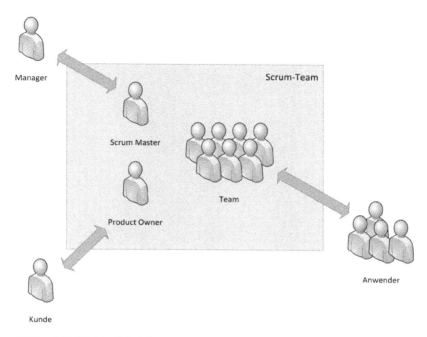

Abbildung 1: Die definierten Rollen in Scrum

Beziehungen und Verantwortlichkeiten der Rollen innerhalb des Scrum-Teams zu den verschiedenen Gruppen von Stakeholdern während eines Scrum-Projekts

2.2.1 Product Owner

Der PO vertritt die Interessen des Kunden im Scrum-Projekt. Er repräsentiert im weiteren Sinne sämtliche Stakeholder und ist für die Nutzenmaximierung des Projekts verantwortlich. Der PO verwaltet das Product Backlog und ist für dessen Priorisierung verantwortlich. Er wählt zudem die umzusetzenden Items aus dem Product Backlog für den nächsten Sprint aus. Der PO ist somit kein reiner Auftraggeber sondern gestaltet den Entwicklungsprozess aktiv mit.[10] Der PO kann eine zertifizierte Ausbildung absolvieren.[11]

---

[9] vgl. Gloger (2008), S. 124 f.
[10] vgl. Wirdemann (2009), S. 43 f. sowie Schwaber (2007), S. 56
[11] vgl. Scrum Alliance (2010a)

2.2.2 Team

Das Team ist für die Erstellung des Produkts zuständig. Es entwickelt eigenverantwortlich die notwendigen Funktionalitäten, um die jeweiligen Ziele eines Sprints zu erreichen. Es entscheidet dabei eigenständig, wie viele Funktionalitäten in dem Sprint umgesetzt werden, wie diese in konkrete Aufgabenpakete aufzuteilen sind und es verpflichtet sich, diese bis zum Ende des Sprints fertigzustellen. Das Team ist funktionsübergreifend besetzt und besteht idealerweise aus fünf bis neun Personen.[12] Welches Teammitglied im Laufe eines Sprints welche Aufgaben übernimmt, entscheidet das Team selbständig ohne jede äußere Einflussnahme, z.B. durch SM, PO oder Linienvorgesetzte.[13] Entwickler können seit kurzer Zeit, ebenso wie SM und PO, eine zertifizierte Ausbildung absolvieren.[14]

2.2.3 Scrum Master

Der SM vermittelt PO, Team sowie weiteren Stakeholdern die Werte, Praktiken und Prozesse von Scrum. Er überwacht den Scrum-Prozess und stellt dessen Einhaltung sicher. Hierbei unterstützt er das Team, beseitigt Hindernisse die innerhalb der Entwicklung auftreten, stellt die Zusammenarbeit zwischen PO und Team sicher und steht dem PO unterstützend bei Fragen des Scrum Prozesses zur Seite. Während der Sprints versucht er, das Team von äußeren Einflüssen abzuschirmen. Zudem beruft er die Planning-, Review- und Retrospective-Meetings ein und leitet diese. Anders als der klassische Projektleiter ist er nur für die Einhaltung der Scrum-Prozesse und die Maximierung deren Nutzens verantwortlich, nicht jedoch für den Projekterfolg.[15] Er ist somit „eher Moderator und Ermöglicher als weisungsbefugter Aufgabenverteiler".[16] SM können eine zertifizierte Ausbildung absolvieren.[17]

2.3 Artefakte

Die im folgenden beschriebenen Artefakte, sind die Dokumente, die als Grundlage zur Arbeit im Scrum-Projekt dienen. In ihnen wird festgehalten, welche Aufgaben zu

---

[12] Schwaber, Beedle (2001), S. 36
[13] vgl. Schwaber (2007), S. 104
[14] vgl. Scrum Alliance (2010c)
[15] vgl. Wirdemann (2009), S. 39 ff. sowie Schwaber (2007), S. 28
[16] Keller (2007)
[17] vgl. Scrum Alliance (2010b)

erledigen sind, welche Hindernisse ihrer Erledigung entgegenstehen und wie der Fortschritt der Arbeiten ist.

2.3.1 Product Backlog

Das Product Backlog enthält sämtliche für das Produkt zu liefernde Funktionalitäten. Es wird vom PO erstellt und verwaltet. Dieser ist auch für die Priorisierung der einzelnen Items des Product Backlogs verantwortlich. Aus dieser Priorisierung ergibt sich die Reihenfolge, in der diese abgearbeitet werden sollen. Die Items werden meist in Form so genannter User Stories formuliert und sind noch nicht sehr detailliert. Das Product Backlog ist niemals vollständig sondern wird im Laufe des Projekts fortgeführt.[18]

2.3.2 Sprint Backlog

Im Sprint Backlog sind alle Arbeitsaufträge enthalten, die zur Erreichung der Ziele des aktuellen Sprints notwendig sind. Die User Stories aus dem Product Backlog sind hierbei bereits in detaillierte Aufgaben zerlegt und ebenfalls priorisiert. Das Sprint Backlog kann nur vom Team verändert werden. Zudem schätzt das Team zu jedem Item des Sprint Backlogs den jeweiligen Aufwand.[19]

2.3.3 Burndown Chart

Das Burndown Chart visualisiert den Fortschritt des aktuellen Sprints und wird täglich aktualisiert. Dabei wird der geschätzte verbleibende Restaufwand für die Erreichung der Sprint-Ziele mit der noch zur Verfügung stehenden Zeit in Korrelation gesetzt. Der Vergleich mit der Trendlinie zeigt, ob die Erreichung der Ziele im laufenden Sprint realistisch ist.[20]

---

[18] vgl. Wirdemann (2009), S. 31 sowie Schwaber (2007), S. 10
[19] vgl. Schwaber (2007), S. 13
[20] vgl. Abbildung 2: Beispiel für ein Sprint Burndown Chart

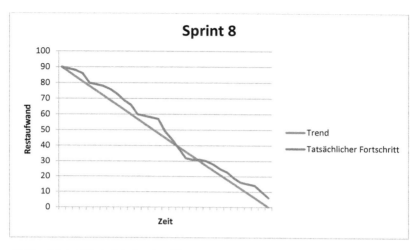

Abbildung 2: Beispiel für ein Sprint Burndown Chart

Es sind nur geringe Abweichungen des tatsächlichen Fortschritts gegenüber der Trendlinie erkennbar, es bleibt jedoch ein Restaufwand am Ende des Sprints übrig.

2.3.4 Impediment Backlog

Das Impediment Backlog enthält die aktuellen Hindernisse, die dem Team bei der Erreichung der Sprint-Ziele im Wege stehen. Für die Beseitigung dieser Hindernisse ist der SM verantwortlich. Das Impediment Backlog wird von ihm täglich aktualisiert und priorisiert.[21]

2.4 Meetings

Zu jedem Sprint gehören ein Planungs-Meeting und eine Vorstellung der erzielten Ergebnisse. Das Team trifft sich zudem noch zu einer Retrospektive und einer täglichen Statusrunde.

2.4.1 Sprint Planning

Im Sprint Planning findet die Planung für den nächsten Iterationsschritt, den Sprint, statt. Der gewünschte Umfang des zu erstellenden Inkrements wird festgelegt und im Sprint Backlog festgehalten. Hierzu definiert zunächst der Product Owner, welche Items des Product Backlogs im anstehenden Sprint umgesetzt werden sollen. Dabei ist die Priorisierung der Items sowie das letzte Inkrement maßgeblich. Anschließend plant das

---

[21] vgl. Gloger (2008), S. 17 sowie Wirdemann (2009), S. 39

Team, welche Items tatsächlich umgesetzt werden sollen und wie die Umsetzung erfolgen soll. Daraus entsteht das Sprint Backlog, das zu diesem Zeitpunkt jedoch noch nicht vollständig sein muss und während des Sprints fortgeschrieben werden kann. Diese beiden Teile des Plannings sollen jeweils auf vier Stunden begrenzt sein. Teilnehmer sind das Team, der PO und der SM. Gäste können partiell hinzugeladen werden, um weitere Informationen in das Planning einzubringen. Das Team ist alleine verantwortlich, die gewählten Backlog Items zu organisieren und die Aufwände zu schätzen. Es verpflichtet sich, am Ende des Sprints das definierte potenziell auslieferbare Inkrement fertiggestellt zu haben.[22]

2.4.2 Sprint Review

Das vierstündige Sprint Review Meeting dient dem Team dazu, dem PO und weiteren Stakeholdern die Ergebnisse des abgelaufenen Sprints zu präsentieren. Dabei dürfen nur fertiggestellte Funktionalitäten vorgestellt werden. PO und Stakeholder haben zudem die Möglichkeit, Fragen zu stellen und Feedback zu geben. Grundlage für die Präsentation sind die Items aus dem Product Backlog, die diesem Sprint zugrunde lagen. Die bei der Präsentation gegebenen Rahmenbedingungen sollten denen der späteren Produktivumgebung möglichst nahe kommen, um einen realistischen Eindruck zu vermitteln. Aus den Ergebnissen des Reviews können sich neue oder geänderte Anforderungen für das Projekt ergeben. Diese werden priorisiert und in das Product Backlog aufgenommen.[23]

2.4.3 Sprint Retrospective

In der dreistündigen Sprint Retrospective stellt das Team zusammen, was im abgelaufenen Sprint gut funktionierte oder was verbesserungswürdig ist. Durch dieses regelmäßige „lessons learned"-Meeting soll der Entwicklungsprozess stetig verbessert werden. Im Optimalfall entsteht so ein kontinuierlicher Verbesserungsprozess und die Qualität der Arbeitsergebnisse sowie die Motivation des Teams steigen. Neben dem Team nehmen nur der SM und optional der PO teil.[24]

---

[22] vgl. Schwaber (2007), S. 136 f.
[23] vgl. Schwaber (2007), S. 139 f.
[24] vgl. Schwaber (2007), S. 140

2.4.4 Daily Scrum

Alle Mitglieder des Teams treffen sich täglich im so genannten Daily Scrum. Dieses soll, unabhängig von der Anzahl der Teilnehmer, auf 15 Minuten begrenzt sein und immer zur selben Zeit am selben Ort stattfinden. Der SM kann hier als Moderator anwesend sein, der PO ausschließlich als Zuhörer. Im Daily Scrum koordiniert das Team seine Arbeit und verteilt eigenverantwortlich die anstehenden Aufgaben. Dabei erläutert jedes Teammitglied, welche Aktivitäten es seit dem letzten Daily Scrum durchgeführt beziehungsweise abgeschlossen hat, welche Aktivitäten es bis zum nächsten Daily Scrum durchführen wird und welche Hindernisse möglicherweise seine Aktivitäten behindern. Eine tiefergehende fachliche Diskussion ist auf Grund der zeitlichen Begrenzung im Daily Scrum nicht vorgesehen. Bei zu ausführlichen Berichten oder Diskussionen greift der SM moderierend ein.[25] Zum Daily Scrum wird außerdem das jeweils aktualisierte Burndown Chart vorgelegt.

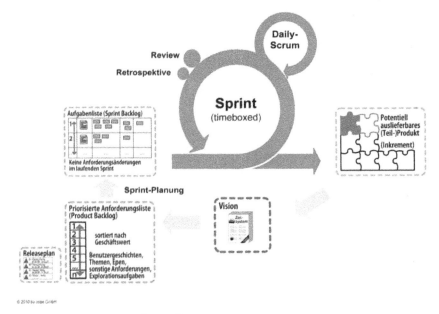

Abbildung 3: Der Scrum-Prozess im Überblick[26]

Deutlich sichtbar wird hier der iterative Charakter sowie das Zusammenspiel der Artefakte und Meetings.

---

[25] vgl. Schwaber (2007), S. 137 f.
[26] entnommen aus Gentsch, Wittwer (2010)

3. Grenzen und Hindernisse

3.1 Rahmenbedingungen

Die richtigen Rahmenbedingungen sind für ein Scrum-Projekt ein entscheidender Faktor. In den nachfolgenden Beispielen werden Defizite benannt, welche schlimmstenfalls das Projekt scheitern lassen können.

Als störend können ein falsches Verständnis von Scrum und der agilen Vorgehensweise im Allgemeinen wirken. So ist den beteiligten Stakeholdern oder dem Management möglicherweise nicht bewusst, dass Scrum nicht weniger sondern meist deutlich mehr Planungsaufwand erfordert. Der agile Ansatz kann jedoch zu schlampiger Planung verleiten. Agiles Projektmanagement erfordert „ein hohes Maß an Disziplin von allen Beteiligten".[27]

Eine große Gefahr geht von Entscheidungen aus, die auf Managementebene über die Projektbeteiligten hinweg getroffen werden. Eine derartige Einflussnahme konterkariert die in Scrum fest definierte Selbständigkeit und Eigenverantwortlichkeit des Teams sowie seiner gemeinsamen Planung mit dem PO. Ein enormer Motivationsverlust kann die Folge sein und das Projektergebnis deutlich verschlechtern.

Auch ist Scrum für zeitkritische Projekte und Projekte mit Anspruch auf umfangreiche Dokumentation eher ungeeignet.

Ein erhöhtes Konfliktpotenzial besteht mit der vorhandenen Linienorganisation.[28] So darf beispielsweise die Teilnahme an den verschiedenen Meetings keinesfalls behindert werden. Zudem können Kommunikationsprobleme auftreten zwischen Mitarbeitern, die im agilen Umfeld arbeiten und jenen, die dies nicht tun. Insbesondere PO und SM müssen ferner in ihrer Organisation mit den notwendigen Befugnissen und einem ausreichenden Zeitbudget für ihre Arbeit an dem Projekt ausgestattet sein.

Scrum sieht keine Werkzeuge vor, die den Ausfall einzelner Projektbeteiligter kompensieren könnten. Fallen im Projektverlauf SM, PO oder einzelne Teammitglieder durch Krankheit, Verpflichtungen in der Linienorganisation oder gar Ausscheiden aus der Organisation aus, können kaum zu schließende Lücken entstehen.

---

[27] Coldewey (2004), S. 71, siehe dazu auch Zeitler (2010)
[28] vgl. Koschek (2009)

Es ergeben sich weiterhin Risiken aus Verträgen zwischen Dienstleister und Auftraggeber, die nicht an die Philosophie von Scrum angepasst sind. Insbesondere bei Festpreisangeboten besteht die Gefahr eines Konflikts bei unterschiedlichen Auffassungen darüber, welche nachträglich hinzugefügten Items des Product Backlog bereits abgedeckt sind. Zudem sind Festpreisangebote bei Anwendung von Scrum zwar grundsätzlich möglich, stehen aber in einem Spannungsfeld zu der Idee von Scrum, da der vollständige Funktionsumfang des zu entwickelnden Projekts zu Beginn nicht in allen Details feststehen muss.

3.2 Scrum Prozesse

Auch die in Scrum beschriebenen Prozesse können unter Umständen ein Projekt behindern. So kann nicht jedes Projekt in diesen Prozessen abgebildet werden, beispielsweise weil es sich nicht in lauffähige Inkremente aufteilen lässt oder eine passende Sprint-Timebox nicht gefunden werden kann.

Die regelmäßigen Präsentationen in den Sprint Reviews können zudem dazu führen, dass nicht der tatsächliche Projektstand wiedergespiegelt sondern „Window Dressing" betrieben wird. „Offene Baustellen" werden notdürftig geschlossen, um sie präsentabel zu gestalten. Dadurch wird die Grundlage für die weitere Planung ungenau.

Die festen Timeboxen der Sprints können sich bei sehr kurzfristigen Änderungen als problematisch erweisen. Größere Änderungen in laufenden Sprints sind grundsätzlich kritisch zu betrachten, da sie das Erreichen der ursprünglich vereinbarten Sprint-Ziele gefährdet und dem Grundsatz des in den Sprints eigenverantwortlich arbeitenden Teams widerspricht.

Auch die Scrum-Werkzeuge, die zu Transparenz führen sollen, können negative Begleiterscheinungen mitbringen. So kann bei entsprechendem Verlauf ein Burndown Chart auch die Motivation des Teams verschlechtern.

3.3 Kommunikation

Laut einer Studie von GPM und PA Consulting ist bei 60% der gescheiterten Projekte mangelhafte Kommunikation ein Faktor für den Misserfolg des Projekts.[29] Die hieraus von Engel und Quadejacob abgeleiteten Werkzeuge für eine gute Kommunikation

---

[29] vgl. Engel, Quadejacob (2008), S. 2

finden sich allesamt in Scrum wieder.[30] Doch müssen diese auch konsequent angewendet werden, da die Kommunikation innerhalb eines Scrum-Projektes essentiell ist. Nur durch intensiven Austausch ist das Team in der Lage, sich selbst zu organisieren und gemeinsam mit PO und SM das gewünschte Ergebnis zu erzielen. Dabei darf nicht unbeachtet bleiben, dass diese Projektbeteiligten sowohl entsprechende Kompetenzen aufweisen als auch auch in der Lage sein müssen, miteinander zu arbeiten und zu kommunizieren. Ausgeprägte Antipathien können die Kommunikation stören und den Projekterfolg gefährden. Der erhöhte Kommunikationsaufwand innerhalb des Teams kann insbesondere bei verteilten Teams zu Reibungsverlusten führen.

Voraussetzung ist eine offene Kommunikationskultur in der Organisation. Ist offene Kommunikation nicht möglich, so können verschiedene Instrumente des Scrum-Frameworks, insbesondere die Sprint Retrospective, nicht den gewünschten Erfolg erzielen.

3.4 Product Owner

Dem PO kommt in einem Scrum-Projekt eine hohe Verantwortung zu. Er ist nicht reiner Auftraggeber sondern arbeitet aktiv mit. Dies verlangt von ihm ein hohes Maß an Motivation, Qualifikation und Kompetenz. Ist der PO nicht willens und in der Lage, seine Rolle im Scrum-Projekt entsprechend auszufüllen, kann kein optimales Projektergebnis erzielt werden.[31]

Kritisch wäre ein PO, der das Product Backlog nicht oder nicht sorgfältig genug pflegt. Ein falsches oder unvollständiges Backlog würde jedem Planning die Grundlage entziehen. Gleiches gilt für eine falsche oder unvollständige Priorisierung der Backlog Items. Die im Backlog enthaltenen User Stories müssen zudem sinnvoll und verständlich definiert sein.

Der PO darf keinesfalls in seiner Organisation zu schwach sein, um die gemeinsamen Projektergebnisse verteidigen zu können. Er muss verhindern, dass dem Scrum-Projekt seitens des Kunden gleichzeitig mehrere konkrete Ziele abverlangt werden, die sich gegenseitig sowie dem agilen Ansatz widersprechen; zum Beispiel ein fixer Endtermin mit einem dann definitiv erforderlichen Funktionsumfang ohne jeden Spielraum.

---

[30] vgl. Engel, Quadejacob (2008), S. 5
[31] vgl. Druckman (2007)

3.5 Team

Insbesondere beim ersten Einsatz von Scrum ist es absolut unerlässlich, das Team darauf vorzubereiten. Es muss wissen, was Scrum bedeutet, welche Rolle sie in diesem Umfeld innehaben und wie es anzuwenden ist. Wird dem Team Scrum nicht als sinnvolle Methode nahe gebracht, die auch Freude machen kann, ist ein großes Motivationsdefizit zu erwarten. Gerade für ältere Mitarbeiter oder Teams, die schon länger in gleicher Konstellation in nicht-agilen Projekten zusammenarbeiten, ist der Umstieg schwierig. Schlimmstenfalls wird der Wandel zur agilen Vorgehensweise aus dem Team heraus sabotiert, um den Status Quo zu erhalten.[32] Auch bereits vorhandene Hierarchien im Team sowie einzelne Teammitglieder mit Hang zur Selbstdarstellung können zu Problemen führen.[33]

Problematisch können Teams werden, die nicht die richtige Größe haben. So werden fünf bis neun Team-Mitglieder als optimal angesehen. Kleinere Teams können die Arbeitsaufträge nicht sinnvoll verteilen während in größeren Teams die Kommunikation zusehends schwieriger wird.[34] Gleichzeitig muss das Team so zusammengesetzt sein, dass alle Fertigkeiten, die zur Erreichung der Projektziele notwendig sind, vorhanden sind. Alle Teammitglieder müssen weiterhin zu Eigenverantwortung und Selbstinitiative bereit sein und dürfen sich nicht ausschließlich auf ihre bereits vorhandenen Kompetenzen beschränken.[35] Die Zusammenstellung eines Teams, das alle diese Voraussetzungen erfüllt, dürfte für die meisten Organisationen schwierig sein. Gleichzeitig muss diesem Team allerdings auch das entsprechende Vertrauen entgegengebracht werden.[36]

Ein weiteres Risiko besteht durch Fluktuation von Teammitgliedern. Da beispielsweise die Dokumentation des Projekts zunächst hauptsächlich in den Köpfen des Teams stattfindet, ist ein Ausscheiden eines Mitglieds grundsätzlich kritisch.

3.6 Scrum Master

Die größte Gefahr für den SM besteht darin, dass er gleichzeitig in einer nicht agilen Rolle auftreten muss. So darf der SM sich keinesfalls wie ein klassischer

---

[32] vgl. Druckman (2007)
[33] vgl. Koschek (2009)
[34] vgl. Schwaber, Sutherland (2010), S. 9
[35] vgl. Vigenschow (2008), S. 89 f. sowie Schwaber, Sutherland (2010), S. 8
[36] vgl. Vigenschow (2008), S. 93

Projektmanager als Schnittstelle zwischen Team und Kunde (PO) verstehen. Er hat keinerlei Weisungsbefugnisse gegenüber dem Team und muss sich dessen stets bewusst sein. Zudem darf er keinesfalls als Projektverantwortlicher eingesetzt werden. Hat der SM gleichzeitig Personal- oder Projektverantwortung, kann er seine Rolle im Scrum-Projekt nicht optimal ausüben. Aber auch ohne formale Weisungsbefugnis kann der SM durch unangemessene Kontrolle des Teams dessen Eigenverantwortlichkeit und Selbstorganisation stören.

Gleichzeitig muss der SM jedoch in seiner Rolle stark genug sein, um die Einhaltung der Scrum-Methoden gegenüber PO, Team und Stakeholdern durchzusetzen sowie die Hindernisse aus dem Impediment Backlog auszuräumen. „Ein guter Scrum Master riskiert im Zweifel seinen Arbeitsplatz, um zu erreichen, dass die Team-Mitglieder zufrieden sind und produktiv arbeiten"[37], meint Jeff Sutherland. Dazu ist für ihn, ebenso wie für den PO, ein hohes Maß an Kompetenz, Qualifikation und Motivation notwendig.

3.7 „Scrumbut"

Unter „Scrumbut" werden Abwandlungen des Scrum-Frameworks zur Anpassung an die jeweilige Organisation zusammengefasst („Yes, we use Scrum, but..."). Zum Beispiel: „Wir verwenden Scrum, aber Daily Scrums bedeuten zu viel Overhead, deshalb machen wir sie nur wöchentlich."[38] Eine Mischung aus Scrum und klassischen Wasserfall-Modell kann auch als „Water-Scrum" bezeichnet werden.[39]

Die Variation der Scrum-Methoden ist durchaus möglich. Doch darf dabei der agile Ansatz nicht verloren gehen. Wird nur ein Teil der Werkzeuge verwendet, kann dies zudem negative Auswirkungen auf die Motivation von Team und PO haben; beispielsweise wenn deren Eigenverantwortlichkeit eingeschränkt wird und die Transparenz der Prozesse lediglich zu deren Überwachung verwendet werden.[40]

Grundsätzlich sollten Variationen nur in Organisationen mit Scrum-Erfahrung eingeführt werden. Welche Teile von Scrum einer individuellen Anpassung bedürfen

---

[37] Zeitler (2010)
[38] vgl. Schwaber (2010a) sowie Schwaber (2010b)
[39] vgl. Zeitler (2010)
[40] ebd.

und welche nicht, kann nur vor dem Hintergrund praktischer Erfahrungen sinnvoll entschieden werden.[41]

4. Mögliche Lösungsansätze

Scrum sollte in einer Organisation keinesfalls aus einer Laune heraus eingeführt werden. Nur weil agiles Projektmanagement ein viel beachtetes Thema und Scrum ein beliebtes „Buzzword" geworden sind, sollte niemand unbedacht diese Herausforderung in Angriff nehmen. Nur wenn Grundvoraussetzungen, wie die notwendige Teamgröße oder ein qualifizierter SM, erfüllt sind, kann über eine Einführung nachgedacht werden. Auch darf dies niemals ohne Absprache mit dem jeweiligen Kunden geschehen, insbesondere wenn dieser einen geeigneten PO zur Verfügung stellen soll.

Ein erster Schritt zur erfolgreichen Einführung und Anwendung von Scrum sollte eine Sensibilisierung aller Beteiligten für die agilen Vorgehensweisen sein. Dabei sollten überhöhte Erwartungen aber auch Befürchtungen ausgeräumt werden. Der Wandel zu einer agilen Kultur und Philosophie in der Organisation muss vom Management nicht nur angestoßen sondern auch aktiv begleitet werden. Die Schulung von PO, SM und den Teammitgliedern gehört ebenso dazu. Der SM sollte möglichst bereits Erfahrungen als Teil eines agilen Teams gesammelt haben, bevor er erstmals diese Rolle annimmt.[42] Zudem muss bedacht werden, dass eine Umstellung von nicht-agiler zu agiler Vorgehensweise ein längerer Prozess sein kann. Bei einer schwierigen Einführung empfiehlt es sich zudem, externe Experten einzubinden, die bereits Erfahrung mit Scrum haben.[43] Bei der ersten Anwendung von Scrum in einer Organisation empfiehlt es sich, ein überschaubares Pilotprojekt aufzusetzen, das zwar dem typischen Geschäftsbereich der Organisation entspricht allerdings nicht kritisch sein sollte.[44] Roman Pichler empfiehlt ferner, die Einführung von Scrum selbst als Scrum-Projekt aufzusetzen, wobei das Management als PO fungiert.[45]

Hat man all diese Möglichkeiten bei der Einführung nicht nutzen wollen oder können ist eine Korrektur im laufenden Projekt nur schwer realisierbar. Will man dann die Vorgehensweisen anpassen, empfiehlt sich statt vieler einzelner Korrekturen ein

---

[41] vgl. Roock (2010), S. 15 ff. sowie Coldewey (2004), S. 72
[42] vgl. Keller (2007)
[43] vgl. Pichler (2010), S. 116
[44] vgl. Pichler (2010), S. 118
[45] ebd.

Projektstopp um gemeinsam mit allen Beteiligten die Defizite auszumachen und auszuräumen, um dann mit neuer Motivation einen erneuten Kickoff vorzunehmen.

5. Schlussbetrachtung

Diese Arbeit hat gezeigt, dass der Einsatz und insbesondere die Einführung von Scrum an verschiedene Grenzen stoßen kann und dass es Hindernisse gibt, die nicht ohne weiteres überwunden werden können. Die aufgezeigten Risiken liegen hierbei weniger in den Methoden des Scrum-Frameworks begründet als vielmehr in den ausführenden Personen und vorgegebenen Rahmenbedingungen. Einige der beschriebenen Problemstellungen können auch in klassisch geführten Projekten auftreten, werden aber durch die besonderen Eigenschaften von Scrum noch verstärkt. Scrum kann seine Stärken erst dann ausspielen, wenn alle Beteiligten die „Spielregeln" verinnerlicht haben und diese leben. Eine entsprechende Ausbildung von Scrum Master, Product Owner und Team sind dabei zwingende Voraussetzung. Auch dürfen Organisationen, die Scrum einführen, zunächst nicht damit rechnen, dass Scrum-Projekte automatisch schneller und erfolgreicher verlaufen. Eine intensive Vorbereitung sowie Kommunikation vor und innerhalb des Projekts sind hier absolut unverzichtbar.

Doch selbst bei einer qualifizierten Ausbildung und Kommunikation bleiben die Menschen der entscheidende Risikofaktor. Team-Mitglieder, die nicht eigenverantwortlich arbeiten können oder wollen, Scrum Master, die sich selbst noch zu sehr in der Rolle des klassischen Projektleiters sehen oder Product Owner, die nicht intensiv mitarbeiten, können den Projekterfolg entscheidend gefährden. Dies gilt nicht minder für das Management, wenn es die Einführung und Anwendung von Scrum nicht konsequent und nachdrücklich unterstützt.

Eine zusätzliche Gefahr geht von leichtfertigen Anpassungen der Scrum-Methoden an die vorhandenen Strukturen der Organisation aus. Auch wenn Anpassungen sinnvoll und notwendig sein können, besteht das Risiko, dass der agile Ansatz mit all seinen Vorteilen verloren geht. Gerade bei der ersten Anwendung von Scrum ist eine Implementierung der Reinform empfehlenswert. Aufbauend auf den daraus gewonnenen Erkenntnissen, kann dann eine individualisierte Methodensammlung, auch „Scrumbut" genannt, zusammengestellt werden.

Sind alle beteiligten Personen ausreichend geschult, sensibilisiert und am gemeinsamen Projekterfolg interessiert, kann Scrum jedoch ein wirkungsvolles Framework für das

agile Projektmanagement sein; mit hoher Transparenz des Entwicklungsprozesses und der Möglichkeit, diesen laufend anzupassen und zu verbessern. Zudem können alle diese Personen positive Errungenschaften hieraus ziehen. Das Team ist motiviert durch seine neue Selbständigkeit und das direkte Feedback des Kunden. Der Product Owner als Vertreter der Kundenseite hat direkten Einfluss auf die Ergebnisse und kann diese optimal kommunizieren und anpassen. Der Scrum Master profitiert durch klar umrissene Zuständigkeiten und Verantwortlichkeiten und die Managements auf Kunden- sowie Dienstleisterseite durch hohe Mitarbeiterzufriedenheit und ein qualitativ hochwertiges Projektergebnis.

Literatur- und Quellenverzeichnis

Coldewey (2004)   Coldewey, Jens: Die "Top Ten" der agilen
                           Missverständnisse, in: OBJEKTspektrum 2004,
                           Ausgabe 3, S. 71-75

Druckman (2007)   Druckman, Angela: What Scrum Can and Cannot
                           Fix,   5.   September   2007,
                           http://www.scrumalliance.org/articles/68-what-
                           scrum-can-and-cannot-fix (30. Oktober 2010)

Eckstein (2009)   Eckstein, Jutta: Agile Softwareentwicklung mit
                           verteilten Teams, dpunkt.verlag, Heidelberg 2009

Engel, Quadejacob (2008)   Engel, Claus; Quadejacob, Nils: Studie von GPM
                           und PA Consulting: Fünf Erfolgsfaktoren für
                           Projekte, in: Projekt Magazin (Sonderdruck)
                           2008, Ausgabe 19, S.

Gentsch, Wittwer (2010)   Gentsch, Jan; Wittwer, Markus: Planen für
                           Fortgeschrittene: Eine Einführung in Scrum,
                           2010,   http://www.gpm-
                           ipma.de/fileadmin/user_upload/ueber-
                           uns/Regionen/Hamburg/100701_Scrum-
                           Einfuehrung.pdf (10. Oktober 2010)

Gloger (2008)   Gloger, Boris: Scrum - Produkte zuverlässig und
                           schnell entwickeln, Carl Hanser Verlag,
                           München 2008

Hammerstein (2009)   Hammerstein, Oliver-Arne: Das aktuelle
                           Stichwort: SCRUM, in: projekt
                           MANAGEMENT aktuell 2009, Ausgabe 4, S.
                           28-32

Keller (2007)   Keller, Frank: Agilität erfordert Umdenken, in:

Computer Zeitung 2007, Ausgabe 28, S. 19

Koschek (2009) Koschek, Holger: Scrum-Master agieren oft unter nicht optimalen Bedingungen, in: Computer Zeitung 2009, Ausgabe 5, S. 17

Nerur, Mahapatra, Mangalaraj (2005) Nerur, Sridhar; Mahapatra, Radha Kanta; Mangalaraj, George: Challenges of Migrating to Agile Methodologies, in: Communications of the ACM 2005, Ausgabe 5, S. 73-78

Oesterreich (2008) Oesterreich, Bernd: Agiles Projektmanagement, in: HMD - Praxis der Wirtschaftsinformatik 2008, Ausgabe 260, S. 18-26

Pichler (2007) Pichler, Roman: Scrum: Agiles Projektmanagement erfolgreich einsetzen, dpunkt.verlag, Heidelberg 2007

Pichler (2010) Pichler, Roman: Unternehmensweite Einführung von Scrum: Bewusstseinswandel, in: iX kompakt 2010, Ausgabe 1, S. 116-119

Roock (2010) Roock, Stefan: Scrum but, ... agil, aber..., Beitrag zur Konferenz JAX 2010, 3. Mai 2010, http://stefanroock.files.wordpress.com/2010/05/scrumbut_stefanroock_jax2010.pdf (17. Oktober 2010)

Salo, Abrahamsson (2008) Salo, O.; Abrahamsson, P.: Agile methods in European embedded software development organisations: a survey on the actual use and usefulness of Extreme Programming and Scrum, in: IET Softw. 2008, Ausgabe 2, S. 58-64

Schwaber (2007) Schwaber, Ken: Projektmanagement mit Scrum, Microsoft Press, Redmond, Washington 2007

Schwaber (2010a)	Schwaber, Ken: ScrumBut, 24. August 2010, http://www.youtube.com/watch?v=tgBkvS-q_fA (31. 12 2010)
Schwaber (2010b)	Schwaber, Ken: ScrumBut Examples, 24. August 2010, http://www.youtube.com/watch?v=-MZdKaqY6wU (31. Dezember 2010)
Schwaber et. al (2001)	Schwaber, Ken; Sutherland, Jeff: Manifesto for Agile Software Development, 2001, http://www.agilemanifesto.org/ (31. Oktober 2010)
Schwaber, Beedle (2001)	Schwaber, Ken; Beedle, Mike: Agile Software Development with Scrum, Prentice Hall, New Jersey 2001
Schwaber, Sutherland (2010)	Schwaber, Ken; Sutherland, Jeff: Scrum, Februar 2010, http://www.scrum.org/storage/scrumguides/Scrum%20Guide%20-%20DE.pdf (30. 10 2010)
Scrum Alliance (2010a)	Scrum Alliance (Hrsg.): CSPO: An Introductory Course for Product Owners, 2010, http://www.scrumalliance.org/pages/certified_scrum_product_owner (29. Dezember 2010)
Scrum Alliance (2010b)	Scrum Alliance (Hrsg.): CSM: Learn Scrum Basics from the Experts., 2010, http://www.scrumalliance.org/pages/CSM (29. Dezember 2010)
Scrum Alliance (2010c)	Scrum Alliance (Hrsg.): Certified Scrum Developer, 2010, http://www.scrumalliance.org/pages/certified_scrum_developer (29. Dezember 2010)

Vigenschow (2008)	Vigenschow, Uwe: Agile Entwicklungsteams führen: Selbstorganisation in der Praxis, in: HMD - Praxis der Wirtschaftsinformatik 2008, Ausgabe 260, S. 86-94
Vigenschow, Toth, Wittwer (2009)	Vigenschow, Uwe; Toth, Stefan; Wittwer, Markus: Projekt ist nicht gleich Projekt: Ergebnisse einer aktuellen Projektmanagement-Studie, in: OBJEKTspektrum 2009, Ausgabe 6, S. 12-15
Wirdemann (2009)	Wirdemann, Ralf: Scrum mit User Stories, Carl Hanser Verlag, München 2009
Zeitler (2010)	Zeitler, Nicolas: Agile Software-Entwicklung: Scrum braucht Disziplin, 4. Juni 2010, http://www.cio.de/2233469 (30. Oktober 2010)